KB206655

마음의 소리

法雲 趙永根

합창곡집 Ⅲ

법운 조영근 선생 간행위원회

도서출판 코레드

마음의 소리
합창곡 3집을
펴내면서...

장마가 지루하게 계속되더니
무더위가 온천지를 달구고 있고
코로나19는 지구의 종말을 예언하듯
무섭게 번져나가고 있습니다.
봄이 지나서 여름이 오면...
여름이 지나서 가을이 오면 소멸이 되려나...
가을이 지나고 겨울이 오면 물러가려나...
이렇게 무기력한 중생들에게...
부처님의 가피가 있으시기를 간절히 기원드립니다.
제가 금년에 81세가 되었으나
불교음악 발전에 기여한 것이 없습니다.
마음의 소리 합창곡 1집이
2009년 11월 21일 고희 음악회 때였으니
10년 전 일이 되었습니다.
2020년에 마음의 소리 3집을 펴 내었습니다.
항상 도와주시는 여러 불자님들에게 감사드리며
주어진 일에는 항상 최선을 다하지만
그래도 아쉬움이 남아서 뒤돌아 보게 됩니다.
모쪼록 합창곡집에 실려있는 찬불가와
기존의 찬불가들이 온누리에 울려 퍼져서
불국토가 이루어지기를 간절히 기원드립니다.
끝으로 모든 불자님들의 가정에 부처님의 가피로
건강과 행복이 충만하시기를 발원합니다.

불기2564년 (서기2020년) 10월 15일

법운 조 영 근 합장

차 례

12연기와 인과응보

대석스님 작사
조영근 작곡

Moderato ♩=80

1.무 명으로 　 － 행동하여 　 생겨지는업 보들 이
2.진 흙 속에 　 － 딩굴면서 　 구렁텅에빠 지듯 이

끝 　 도없이 　 － 얽히어서 　 육 도세상헤 　매었 네
여 　 섯가지 　 － 중생계를 　 끝 도없이돌 았더 라

1

그 겨울 숲속에는

곽영석 작사
조영근 작곡

심 —에　　　　연꽃향기 —　　　겨울숲이 향기롭　네
울 —의　　　　숲속에는 —　　　연꽃향기 그윽하　네

그　겨울　의　　숲속에는 —　　　연꽃향기 그윽하 네

6

그리운 연꽃이여

(운문스님 추모곡)

덕신스님 작사
조영근 작곡

Andante ♩=80

아 침 이 슬 　　　 내 － 리 면
세 상 만 사 　　　 얽 힌 인 연

순 백 처 － 럼 영 　 롱 한 　　 －
풀 어 지 － 고 말 　 것 을 　　 －

한 줌 바람 되 - 어 서 -
거 친 바람 스 쳐 가 - 고 -

높 - 은 - 산 넘 어 가 는
텅 빈 가 - 슴 여 여 하 니

흰 - 구 - 름 되 - 어 - 라
피 어 나 - 는 - 연 꽃 향 - 기 -

흰 - 구 름 - 되 - 어 - 라 -
피 어 나 는 - 연 꽃 향 - 기 -

피 어 나 는

9

10

Ending Time

나의 염주는

김정자 작사
조영근 작곡

14

으 로　　참회하며　관음보 － 살　관세음 보살

새 운　　참회기도　관음보 － 살　관세음 보살

2nd 밤

새 운 참회기도 관음보 － 살　관세음 보살

16

나를 찾아

대우스님 작사
조영근 작곡

Andante

Sop.

나는 어디서왔다 가   나는 어디로가는 가   그대여

Alto

누가 초대해서 왔다 가   누가 허락해서 가는가   빈손으

17

연 을따라 서 그 - 렇 게가 건 만 때로

는 산다는 게 숨쉬는 노 리인 가 요 그것은

꿈 을태 우 - 는 파도이 기 도 하 - 고 어쩌

19

면   주소없 는 -   저바 람 그것인것 을

을   그것은꿈 을태 우 - 는   파도이 기 도 하 -

고   어쩌면   주소없 는   -   저

20

바 람 그 것 인 것 을

눈 속에 핀 동백이여

김정자 작사
조영근 작곡

백 －꽃 흐느낌에   아침 이   슬 잠을깬 다   동－
백 －꽃 얼굴위에   아침 햇   살 부서진 다

Ending Time

백 －꽃 얼굴위에   아침 햇 살 부서진 다

땡그랑 보살의 노래

김진미 작사
조영근 작곡

가사 (5~8마디):
땡그랑 – 땡그랑 – 나무아미 타 – 불
땡그랑 – 땡그랑 – 나무아미 타 – 불

가사 (9~12마디):
바람부는 – 처 마끝에 땅그랑보살이춤 을춘 다
처마끝에 – 풍 경달고 땅그랑보살이노 래한 다

28

몰랐어요

지일스님 작사
조영근 작곡

몰랐어요 왜 사랑하는사 – 람 만나지못하는 지
몰랐어요 왜 원 – 하 – 는 – 것 구할수없는건 지

몰랐어요 왜 미운사람만 항상 – 만나는 지
몰랐어요 왜 이 – 몸 – 에 고통이따르는 지

31

만해 선사님이시여

김정자 작사
조영근 작곡

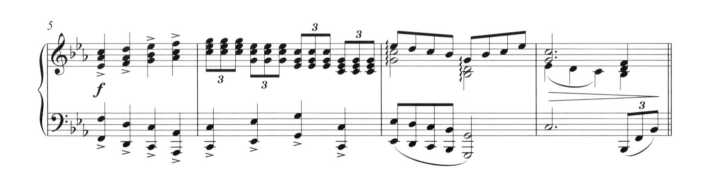

중　생의등불이여　－　　　조　국의횃불이여
중　생의등불이여　－　　　조　국의횃불이여

중　생의등불이여　－　　　조　국의횃불이여
중　생의등불이여　－　　　조　국의횃불이여

반야고개 아리랑

김정자 작사
조영근 작곡

아 리랑 — 아 리랑 — 아 라 리 — 요

37

부 처 님 - 반 야 언 덕 어 찌 넘 어 갈 까

부 처 님 반 야 언 덕 어 찌 넘 어 갈 까

부 처 님 반 야 언 덕 어 찌 넘 어 갈 까

Moderato

바 - 쁘 다 뛰 지 말 고 힘 들 다 고 쉬 지 말 고

바 - 쁘 다 뛰 지 말 고 힘 들 다 고 쉬 지 말 고

바 - 쁘 다 뛰 지 말 고 힘 들 다 고 쉬 지 말 고

38

웃 - 으 며 두손잡 고 넘 어가 - 자

웃 - 으 며 두손잡 고 넘 어가 자

웃 - 으 며 두손잡 고 넘 어가 - 자

한 걸음 두걸음 에 지혜언덕넘 - - 고

아 리랑 아 - 리 랑 지혜언덕 넘 - 고

아 리랑 아 리 랑 지혜언덕 넘 - 고

세 걸 음 네걸음 에 열반언덕넘는 다

아 리 랑 아 - 리 랑 열 반 언 덕 넘 는 다

아 리 랑 아 리 랑 열반 언덕넘는 다

아 리 랑 아 - 리 랑 반 야 고 개아 리 랑

아 리 랑 아 리 랑 반 야 고 개 아 리 랑

반 야의 성 불고 개 우 리모 두넘 − 어
반 야의 − 성 불고 개 우 리모 두넘 − 어
반 야의 − 성 불고 개 우 리모 두넘 − 어

영 −원 한 깨 −달 음 천 상언 덕오 르 자
영 −원 한 깨 −달 음 천 상언 덕오 르 자
영 −원 한 깨 달 음 천 상언 덕오 르 자

44

아 리 랑 아 리 랑 반 야 고 개 아 리 랑

아 리 랑 아 리 랑 반 야 고 개 아 리 랑

아 리 랑 아 리 랑 반 야 고 개 아 리 랑

너 와 나 한 마 음 반 야 고 개 아 리 랑

너 와 나 한 마 음 반 야 고 개 아 리 랑

너 와 나 한 마 음 반 야 고 개 아 리 랑

45

아 리랑 아 리랑 넘어---왔 ----네

아 리랑 아 리랑

아 리랑 아 리랑

Allegro

46

47

반야고개아 리랑   –   반야고개넘어왔네 넘어왔어

반야고개아 리랑   –   반야고개넘어왔네 넘어왔어

아   –리랑 아   –리랑 반야고개넘어왔네 –

반야고개   넘어왔네   반야고개넘어왔 어

아 리랑   아 리랑 반야고개넘어왔 어

아 리랑   아 리랑 반야고개넘어왔 어

부처님의 미소

대우스님 작사
조영근 작곡

50

노래하며
미소에는
웃어준다
찾아온다
새 들도 노래하 며
눈 빛– 미소에 는
꽃 들도 웃어준 다
사 랑이 찾아온 다
호 호 – – – 호
호 호 – – – 호
하 하 – – – 하
하 하 – – – 하
웃 어라웃어 라
웃 어라웃어 라
마 음을 열어놓 고
가 슴을 열어놓 고

51

바람의 향기

곽영석 작사
조영근 작곡

길　　　바위가　－갈라지고　　수미산　이－무너져

길　　　바위가　－갈라지고　　수미산　이－무너져

도　　　길을찾아－정진하여　　우리함　께－가는그길

도　　　길을찾아－정진하여　　우리함　께－가는그길

봄의 화원

김정자 작사
조영근 작곡

톡 톡　　토 르 르　꽃망울터지는소 리
똑 똑　　또 르 르　꽃이슬구르는소 리

보 들　　보 르 르　새싹이돋는소 － 리
살 짝　　사 르 르　봄눈이녹는소 － 리

님 이여 – 오 소서 – 봄 의화원으 – 로
님 이여 – 오 소서 – 봄 의동산으 – 로

아지 – 랑 이 사 이 – 로 제 비꽃 살 짝피 고
요새 – 채 – 담 장 – 에 개 나 리 상 큼피 고

울 – 넘 어 목 련 – 화 꽃 향 기그 으 – 한
대 – 웅 전 뜰 아 – 래 매 화 꽃 만 발 – 한

봄 의 꽃동산으로 님이여오소 서
봄 의 화원으－로 님이여오소 서

그 윽한－ 미 소로 사 랑을주 시 면
진 리의－ 향 으로 사 랑을주 시 면

아 름다운－ 꽃노래로－ 당 신을맞으리 니
연 꽃같은－ 마음으로－ 당 신을맞으리 니

아 름다운 꽃노래로 당 신을맞으리 니
연 꽃같은 마음으로 당 신을맞으리 니

58

59

부처님이 오신 날

김정자 작사
조영근 작곡

오 늘은 — 좋 은날 부처님이오 신날 —
오 늘은 — 좋 은날 부처님이오 신날 —

손에손을 — 마주잡고 노 래를 부르며 —
어깨춤을 — 덩실덩실 연 등을 밝히어 —

마주잡고 노 래를 부르며 —
덩실덩실 연 등을 밝히어 —

삼 계의도사이신 우리님을   맞이   하는 날
사 생의자부이신 우리님을   맞이   하는 날

삼 계의도사이신   우리님을 맞이   하는 날
사 생의자부이신   우리님을 맞이   하는 날

오 늘은 좋은 날   부처님이   오신 날
오 늘은 좋은 날   부처님이   오신 날

Ending Time

오 늘은 좋은 날   부처님이   오신 날

63

불자 발원가

곽영석 작사
조영근 작곡

64

65

대자대비대원력을 보여주소서

대자대비원력-을보여주소서

주 소 서은혜하 소 서

은혜하 소 서

은혜하 소 서

부처님 오신 날

대우스님 작사
조영근 작곡

하 늘땅 　 － 　 초록으로열 어놓고

하 늘땅

님 이이땅에 － 오 심 － － 은

웃 음 꽃 등 불되어 살 게하렵니 다

Ending Time

님 께 서 이 땅 에 오 신 — 날

웃 음 꽃 등 불되어 살 게하렵니 다

불법 인연

김정자 작사
조영근 작곡

풀잎
방울

맺 힌 아침이 -슬 햇-살 에 부서짐은 서럽
방 울 맺힌이 -슬 햇-살 에 부서짐은 인 -

도 록 아름다 운 꽃들 을 피움이요 다투
생 의 무상함을 전하 려 함-이고 하나

73

74

75

사바세계의 업장을 모두 닦으오리다

조영근 작사
조영근 작곡

79

서리 꽃의 염원

김정자 작사
조영근 작곡

사라질지 라 ─ 도 　어둡고시 ─ 린 　안 　개 속 에 ─ ─ 서 　두손모
녹 ─ 을지 라 ─ 도 　외롭고추 ─ 운 　어 　둠 속 에 ─ ─ 서 　두손모

아 기도하며 밤 새 워 　눈물로꽃 을피 ─ 움 ─ 은 　어느
아 합장하며 뜨 거 운 　눈물로꽃 을피 ─ 움 ─ 은 　어느

누군가의 　마음 에 　아름 다 움이 되 ─ 고 　어느
누군가의 　마음 에 　서 ─ 러 움이 되 ─ 고 　어 느

82

누 군가의 마 음-에 그리움 으-로 남으리

누 군가의 마 음-에 추억으 --로 남으리 어느

Ending Time

누 군가의 마 음-에 추억으 --로남으리

사바하

지일스님 작사
조영근 작곡

86

88

서방정토 연화세계

운문스님 작사
조영근 작곡

사바세계 - 불자들이여 한 마음 - 모 아니
사바세계 - 사람들이여 큰 마음 - 내 니
사바세계 - 모든이들 - 염불많 - 이 해

서방정토 - 극락세계 - 발원합시 - 다
서방정토 - 연화세계 - 성불합시 - 다
서방정토 - 장엄세계 - 같이합시 - 다

10만송의 대다라니

곽영석 작사
조영근 작곡

사바세계 　성 긴 인 연 　선 업 쌓 아 해 탈 하 면　－
처 절 하 게 　간 절 하 면 　그 님 한 번 만 나 뵐 까　－

연 화 장 의 　무 량 세 계 　대 열 반 의 합 창 소 리 　－
내 생 에 는 　미 륵 정 토 　태 어 나 기 서 원 이 라 　－

아 미 타 불 　－ 　－ 　관 － 세 음 보 살 　－ 　－
아 미 타 불 　－ 　－ 　관 － 세 음 보 살 　－ 　－

아 미 타 불 　관 － 세 음 보 살 　－ 　－
아 미 타 불 　관 － 세 음 보 살 　－ 　－

반 야 바 라 - - 밀 다 심 경 - -
반 야 바 라 - - 밀 다 심 경 - -

옴 마니 반메 훔

김정자 작사
조영근 작곡

99

어머님

대우스님 작사
조영근 작곡

어 머님은 생명의나라   어머님은평화의고 향

어 머님은 어머님은- 사 랑의 주 소

얼마나 닦아야 거울 마음 닦을까

대우스님 작사
조영근 작곡

108

마 나 닭 아 야   거 울 마 음 닮 을 까

오! 만해 스님

113

우 리 —　갈 먼 — 길 을　높 은 데 서 가 리 켜 주 시 고

우 리 —　갈 먼 — 길 을　높 은 데 서 가 리 켜 주 시 고

그 대 —　넓 기 —　개 마 의 고 원 같　아 서

그 대 —　넓 기 개 마 의 고 원 같　아 서

부 끄 러 워　몸 숨 기 는 —　빗 나 간 무 — 리

환하게 밝혀주시네

멀리서 우리 앞길 환하게 밝혀주시네

환하게 밝혀주시네

멀리서 우리 앞길 환하게 밝혀주시네

117

윤회의 진리

119

조계산을 오를 때

곽영석 작사
조영근 작곡

산 을－오 르 면 서　　님 의 발 길 그 립 니 다　　(조 계)
산 을－오 르 면 서　　님 의 발 길 그 립 니 다

D.C.

Ending Time

산 을－오 르 면 서　　님 의 발　길 그 립 니 다
산 을－오 르 면 서　　님 의 발　길 그 립 니 다

rit.

125

참회 합니다

대우스님 작사
조영근 작곡

여 러생 에 내가지 – 은 모 든죄 – 업
죄 – 업 이 그림자처럼 따 라다 니 니

욕 심 을 내 고 성질내며지 은허 물
흐 르 는 눈 물 하늘땅을다 적셔 도

128

천년송

곽영석 작사
조영근 작곡

132

산　　　－언덕에서　　　　인연지　어만날거나
산　　　－언덕에서　　　　인연지　어만날거나

133

칠월칠석

김정자 작사
조영근 작곡

은 하수가   흐 ─ 르 는   칠월이라칠 석날 은   ─
부 모자식   인 연으로   품에들은어 린생 명   ─

견 우직녀   그 리움이   빛물되 어내 린다 ─ 네   ─
칠 원성군   의 지하여   건강발 원수 명발 ─ 원   ─

빛물되 어   내 린다네
건강발 원   수 명발원

언－제 나감 사하며 － 기도하 는 마음으 로 －
멀리떠 난무 명중생 － 무사안 녕기 원하 며 －

욕 심을 버 －리－고 사 랑으로살 으리 라 －
미 움을 버 －리－고 사 랑으로살 으리 라 －

사 랑으로 살 으리라
사 랑으로 살 으리라

자 비하신 칠 원성 군 － 보살 펴주 옵소 서 －
자 비하신 칠 원성 군 － 보살 펴주 옵소 서 －

자 비하신 자 비하 신칠 원성 군 주 옵소 서
자 비하신 자 비하 신칠 원성 군 주 옵소 서

135

하얀 연꽃이 피던 날

김정자 작사
조영근 작곡

한 생각 쉬면

대우스님 작사
조영근 작곡

한생각쉬면 은 부-처-요   한생각어두 면 중생이여라

바람같은마   음 바람 자면   파도도일 지않 고

님이시여 마음의 고 향을 찾게하여주 소 서

님이시여 마음의 주 소를 보 게하여주소 서

님이시여 마음의 고 향을 찾게하여주 소 서

향 심

정율스님 작사
조영근 작곡

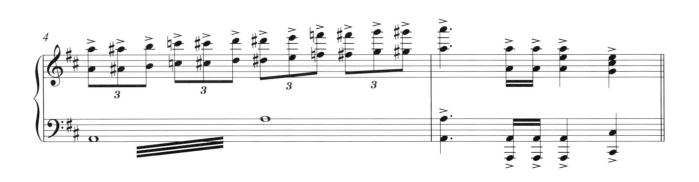

마 음 에 먹물들이 고 　　　　모든 것 다바 치렵니
마 음 에 먹물들이 고 　　　　모든 것 다바 치렵니

146

147

연　　　　님을 향 하는 자세 로　　님을 그 리는 마음으

연　　　　님을 향 하는 자세 로　　님을 그 리는 마음으

로　　　　　언제나　　우러러 합장 하　게 하여주소

로　　　언제나　　우러러　　합장하　게 하여주소

서   님 이 시 여   님 이 시 여 당 신

서   님 이 시 여   님 이 시 여   당 신

서   님 이 시 여   님 이 시 여

께   원 하 옵 니 다

께   원 하 옵 니 다

마음의 소리 법운 조영근 합창곡 3집

인 쇄 일 2020년 10월 15일
발 행 일 2020년 10월 15일
발 행 인 조영근
메 일 5145752@hanmail.net
전 화 010-9702-8532
발 행 처 코레드 디자인
서울시 중구 을지로 16길 39 근화빌딩 4층
T) 02-2266-0751, F) 02-2267-6020

ISBN: 979-11-89931-16-2

값: 10,000원